BEI GRIN MACHT
WISSEN BEZAHL

- Wir veröffentlichen Ihre Hausarbeit,
  Bachelor- und Masterarbeit

- Ihr eigenes eBook und Buch -
  weltweit in allen wichtigen Shops

- Verdienen Sie an jedem Verkauf

Jetzt bei www.GRIN.com hochladen
und kostenlos publizieren

Fabian Rink

Darstellung und Funktion Amerikas in den Werken Franz Kafkas und Karl Mays.

Das „allermodernste New Jork" gegen den „far West".

GRIN Verlag

Bibliografische Information der Deutschen Nationalbibliothek:

Die Deutsche Bibliothek verzeichnet diese Publikation in der Deutschen National-
bibliografie; detaillierte bibliografische Daten sind im Internet über http://dnb.d-
nb.de/ abrufbar.

Impressum:

Copyright © 2012 GRIN Verlag GmbH
Druck und Bindung: Books on Demand GmbH, Norderstedt Germany
ISBN: 978-3-656-44616-3

Dieses Buch bei GRIN:

http://www.grin.com/de/e-book/215946/darstellung-und-funktion-amerikas-in-den-
werken-franz-kafkas-und-karl-mays

GRIN - Your knowledge has value

Der GRIN Verlag publiziert seit 1998 wissenschaftliche Arbeiten von Studenten, Hochschullehrern und anderen Akademikern als eBook und gedrucktes Buch. Die Verlagswebsite www.grin.com ist die ideale Plattform zur Veröffentlichung von Hausarbeiten, Abschlussarbeiten, wissenschaftlichen Aufsätzen, Dissertationen und Fachbüchern.

Besuchen Sie uns im Internet:

http://www.grin.com/

http://www.facebook.com/grincom

http://www.twitter.com/grin_com

Albert-Ludwigs-Universität Freiburg
Deutsches Seminar
Sommersemester 2012
Proseminar: Deutsche Amerikabilder / Amerikanische Deutschlandbilder

Das „allermodernste New Jork" gegen den „far West".
Zu Darstellung und Funktion Amerikas in den Werken Franz Kafkas und Karl Mays.

Vorgelegt von:

Fabian Rink

Neuere und Neueste Geschichte (4. FS) / Neuere deutsche Literatur (3. FS)

Inhaltsverzeichnis

1.Einleitung

Über die Entstehungsgeschichte seines Romans „Der Verschollene" schrieb Franz Kafka während einer Schiffsreise im Jahr 1908 an seinen Freund Max Brod:

> „Ein Kuriosum am Rand, das Dich vielleicht trotzdem interessieren wird. [Karl] May hat mir den Vorschlag gemacht, etwas mit ihm gemeinsam zu schreiben. Sie wissen doch, habe ich eingewandt, daß ich überhaupt nichts mehr zu schreiben beabsichtige. Aber ich bitte Sie, hat er gesagt, das wäre doch bloß zum Zeitvertreib! – Was er sich vorstellt, wäre nicht mehr als ein Spiel. Zwischen zwei Menschen, die zufällig schreiben können. Wir könnten zum Beispiel so tun, als ob wir einen Amerikaroman im Sinn hätten (VWI, S. 108)".[1]

Dieser Brief ist freilich nur fiktiv und entspringt der Vorstellung Peter Henischs, der die beiden Autoren Franz Kafka und Karl May in seinem Werk „Vom Wunsch, Indianer zu werden" auf eine gemeinsame Schiffsreise nach Amerika schickt, die natürlich nie stattgefunden hat. Die Idee, zwischen zwei so gänzlich verschiedenen Autoren wie May und Kafka eine Verbindung in Gestalt einer literarischen Anregung des einen durch den anderen herzustellen, ist sowohl interessant als auch anregend für eine wissenschaftliche Auseinandersetzung mit dem Thema Amerika im Blickwinkel Karl Mays, bzw. Franz Kafkas. Amerika als die „Neue Welt" erfuhr seit jeher eine starke Resonanz im literarischen Bereich. Es ist wohl nicht überzogen zu behaupten, das Werk Karl Mays habe das deutsche Amerikabild von Generationen von begeisterten Lesern und darüber hinaus auch die allgemeine Vorstellung vom „Wilden Westen" in Deutschland noch weit bis ins 20. Jahrhundert hinein entscheidend geprägt. Bei der Auseinandersetzung mit dem Werk Franz Kafkas dürfte man hingegen wohl kaum auf einen derartigen Beitrag zur deutschen Amerikaliteratur stoßen. Trotzdem hatte das Land Amerika auch für den 41 Jahre nach Karl May geborenen Autor nichts von seiner Faszination eingebüßt. Etwa vor 1912, das genaue Entstehungsdatum lässt sich nicht datieren, schrieb Kafka den kurzen Text „Wunsch, Indianer zu werden":

> „Wenn man doch ein Indianer wäre, gleich bereit, und auf dem rennenden Pferde, schief in der Luft, immer wieder kurz erzitterte über dem zitternden Boden, bis man die Sporen ließ, denn es gab keine Sporen, bis man die Zügel wegwarf, denn es gab keine Zügel, und kaum das Land vor sich als glatt gemähte Heide sah, schon ohne Pferdehals und Pferdekopf (WI, S. 77)".[2]

Kafka zeigte bereits als Jugendlicher Interesse am Thema Indianerstämme in Amerika, er las entsprechende Bücher und Expeditionsberichte.[3]

---

[1] Das Werk von Peter Henisch zitiere ich im Folgenden mit Seitenangabe im laufenden Text und der Sigle VWI nach der folgenden Ausgabe: Peter Henisch: Vom Wunsch, Indianer zu werden. Wie Franz Kafka Karl May traf und trotzdem nicht in Amerika landete. Salzburg / Wien 1994.

[2] Das Werk „Wunsch, Indianer zu werden" von Franz Kafka zitiere ich im Folgenden mit Seitenangabe im laufenden Text und der Sigle WI nach der folgenden Ausgabe: Franz Kafka: Wunsch, Indianer zu werden. In: Kurt Wolff (Hg.): Betrachtungen. Leipzig 1912.

[3] Vergl: Hartmut Binder: Kafka-Kommentar. München 1976, S. 115 [Im Folgenden zitiert als „Binder: Kommentar"].

May einerseits und Kafka andererseits formten aber gänzlich unterschiedliche Bilder Amerikas und der Verdacht, dass dies nicht nur mit deren zeitlicher Differenz zu erklären ist, erhärtet sich bei näherer Betrachtung. Jeffrey L. Sammons bringt diese Annahme auf den Punkt: „Was bilden solche Bilder ab?"[4] Weiter führt Sammons aus, es gebe einen lebhaften Diskurs darüber, was die Texte der Autoren wirklich mit dem real existierenden Amerika zu tun haben, wobei einige der Literatur jeden Bezug zur Realität absprechen und darin nur Reflexionen des eigenen Kontexts erkennen.[5] Klar scheint jedenfalls zu sein, dass sich in die literarische Verarbeitung des Komplexes „Amerika" äußere Einflüsse und Intentionen der Autoren mischen, die das Gesamtergebnis mehr oder minder beeinträchtigten. Es ist also einleuchtend, dass nicht nur zeitlich auseinanderfallende Werke, sondern auch Publikationen einer gemeinsamen Zeit geradezu zwangsläufig die verschiedensten Bilder Amerikas hervorbringen mussten. Diese zu vergleichen ist eine der Aufgaben der Imagologie.

Besonders bemerkenswert ist in Bezug auf die hier herangezogenen Autoren, dass beide den Gegenstand ihrer Schriftstellertätigkeit nicht aus eigener Erfahrung kannten. Karl Mays Amerikareise fand erst zum Ende seiner Schaffenszeit statt und Franz Kafka war nie selbst in die Vereinigten Staaten gereist. Trotzdem wurde May bereits zu Lebzeiten für sein Werk gefeiert, womit bei der Beschäftigung mit deutschen Amerikabildern kein Vorbeikommen an ihm ist. Kafkas Roman „Der Verschollene" ist hingegen aufgrund seiner Vielschichtigkeit interessant. Fast periodisch erfuhr das nie fertiggestellte Werk neue Interpretationen durch die Literaturwissenschaft.[6] Die hier vorliegende Arbeit unternimmt den Versuch, die Bilder, die May und Kafka geschaffen haben miteinander zu vergleichen. Kafkas einziges Werk, das sich mit dem Thema Amerika beschäftigt, ist der erstmals 1927 unter dem Titel „Amerika" erschienene Roman „Der Verschollene". Auf der Seite Karl Mays lässt sich hingegen aus einem schier endlosen Repertoire an Erzählungen schöpfen. Exemplarisch wird hier mit der erstmals 1875 veröffentlichten Erzählung „Old Firehand" gearbeitet. Der Blick soll dabei darauf gerichtet sein, inwieweit Karl Mays Erzählung und somit sein Amerika-Bild als Blaupause für nachfolgende Autoren wie Kafka dienen konnte. Wie lässt sich dies feststellen? Die beiden Texte werden inhaltlich anhand von zwei Kriterien miteinander verglichen, um somit bestimmte Kontinuitäten deutscher Amerikarezeption herauszustellen. Erstens sollen die Landschaftsdarstellungen in den Texten verglichen werden. Wilhelm

---

[4] Jeffrey L.Sammons: Gibt es dort ein „Dort"? Das deutsche Amerikabild. In: Jochen Vogt, Alexander Stephan (Hgg.): Das Amerika der Autoren. Von Kafka bis 09/11. München 2006, S. 21.
[5] Vergl.: Ebda., S. 23 – 25.
[6] Vergl.: Nicola Albrecht: Verschollen im Meer der Medien: Kafkas Romanfragment "Amerika". Zur Rekonstruktion und Deutung eines Medienkomplexes. Heidelberg 2007, S. 15 [Im Folgenden zitiert als „Albrecht: Meer der Medien"].

3

Brauneder hat darauf hingewiesen, dass sich die Landschaft in Karl Mays Texten aus punktuell gebrauchter Sachliteratur einerseits und andererseits aus seiner Fantasie zusammensetzt.[7] Im Kontrast dazu dachte Kafka, er habe, wie im Titel dieser Arbeit zitiert, „das allermodernste New Jork [sic]" dargestellt [...]".[8] Hieran knüpft sich der zweite Aspekt, praktisch komplementär zum ersten, unter dem die Werke verglichen werden sollen: Die Darstellung städtischen Lebens. Während Kafka die Geschichte Karl Roßmanns in New York ansiedelt, ist bei May eine Abkehr vom zivilisierten und industrialisierten Osten der USA zu konstatieren.[9] Besonders in Mays Orient-Erzählungen um Kara Ben Nemsi hat die Literaturwissenschaft eine Abneigung gegen die vorhandene Staatlichkeit ausgemacht.[10] Lässt sich trotzdem aus der Erzählung „Old Firehand" etwas über das Stadtbild Karl Mays schließen?

Da die hier gewählte Aufgabenstellung eine textnahe Arbeitsweise erfordert wird im Folgenden eine werkimmanente Analyse vorgenommen. Der Verglich, der die zentrale Eigenleistung dieser Arbeit darstellt, soll sich in ihr aber nicht erschöpfen. Da die deutsche Amerikarezeption ein Phänomen gesamtgesellschaftlichen Ausmaßes war und ist, sollen die Texte auch eine literatursoziologische Herangehensweise erfahren, sofern dies für einzelne Abschnitte dienlich erscheint. Somit soll der zweifache Erkenntnisgewinn gesichert werden: Erstens werden die Kontinuitätslinien deutscher Amerikarezeption in der Literatur des 19. und frühen 20. Jahrhunderts offengelegt. Zweitens erhalten so aber auch die Individualität der Werke Mays und Kafkas und ihre jeweilige Annäherung an den Themenkomplex Amerika eine ausreichende Würdigung.

---

[7]Vergl.: Wilhelm Brauneder: Realität – Überlieferung – Dichtung: Karl Mays USA-Kenntnisse. In: Helmut Schmiedt (Hg.): Karl May: Werk, Rezeption, Aktualität. Würzburg 2009, S. 64 [Im Folgenden zitiert als „Brauneder: USA-Kenntnisse"].
[8]Manfred Engel: Der Verschollene. In: Manfred Engel (Hg.): Kafka-Handbuch: Leben – Werk – Wirkung. Stuttgart 2010, S. 176 [Im Folgenden zitiert als „Engel: Handbuch"].
[9] Vergl.: Undine Janeck: Zwischen Gartenlaube und Karl May. Deutsche Amerikarezeption in den Jahren 1871-1913.Aachen 2003, S. 43 [Im Folgenden zitiert als „Janeck: Gartenlaube"].
[10]Vergl.:Karl-Heinz Kohl: Kulturelle Camouflagen. Der Orient und Nordmaerika als Fluchträume deutscher Phantasie. In: Sabine Beneke, Johannes Zeilinger (Hgg.): Karl May. Imaginäre Reisen: Eine Ausstellung des Deutschen Historischen Museums, Berlin, vom 31. August 2007 bis 6. Januar 2008. Berlin / Bönen 2007, S. 108.

2. Leere Prärie vs. industrialisierte Natur: Die Landschaftsbilder bei Karl May und Franz Kafka

Beschäftigt man sich mit den Werken Karl Mays, so kommt man nicht umhin besonders auf die Gestaltung und somit auf die Funktion der Landschaften, in denen er seine Westmänner agieren lässt, ein besonderes Augenmerk zu legen. Laut dem Titel einer Arbeit Harald Eggebrechts ist gerade die Wüste in Mays Werk „jenes Gelände, auf dem die May'sche Phantasie besonders blüht".[11] Folglich steht am Beginn dieser Arbeit eine Betrachtung der Schauplätze der Erzählung „Old Firehand". Zunächst soll ermittelt werden, inwieweit das Amerika, genauer die Schauplätze des amerikanischen Westens, überhaupt real existierende Orte darstellen oder darstellten.

Zu Beginn der Erzählung betrachtet der Ich-Erzählung in „Old Firehand" den Sonnenuntergang hinter dem „Teil der Rocky-Mountains, der die Grenze zwischen Nebraska und Oregon bildet [...] (OF, S. 21)".[12] Man kann also davon ausgehen, dass sich der Erzähler im mittleren Westen aufhält. Die Passage erlaubt aber noch eine zeitliche Eingrenzung: Das Geschehen muss vor 1859 stattgefunden haben. Eine gemeinsame Grenze zwischen den Staaten Oregon und Nebraska existierte nur bis zu diesem Jahr, danach wurde der territorial verkleinerte Staat Oregon in die Union aufgenommen. Weiter berichtet der Ich-Erzähler, er sei „vor drei Monaten in Cincinnati [gewesen] (OF, S. 21)". Dies bedeutet er müsste westwärts gezogen sein, auch wenn sein Zielort „New-Venango (OF, S. 21)" der May'schen Fantasie entspringt. Er präzisiert seinen Aufenthaltsort noch genauer: „Aber ich befand mich ja [...] zwischen den Black-Hills und dem Felsengebirge [...] (OF, S. 22)". Man kann ihn also an der Grenze zwischen den heutigen US-Bundesstaaten Wyoming und South Dakota lokalisieren. May gibt hier eine recht genaue und auch realistische Ortsangabe seines Protagonisten an. Im weiteren Verlauf der Handlung stellen sich aber immer wieder imaginierte Ortschaften an die Seite existierender Orte, was den Realitätsgehalt der Erzählung erheblich schmälert. Neben dem bereits genannten „New-Venango" sei der Ich-Erzähler z.B. am „Rio Suanca (OF, S. 24)" mit Winnetou zusammengekommen. In den Vereinigten Staaten dürfte das wohl kaum geschehen sein. Glaubhafter kann er allerdings Ellen vermitteln, er habe sein Gewehr „in Front-Street, St. Louis gekauft [...] (OF, S. 25)", sie berichtet wahrheitsgetreu aus „Omaha [Nebraska] (OF, S. 27)" zu kommen. Später erinnert sich der

---

[11] Vergl.: Harald Eggebrecht: Die Wüste lebt. Über jenes Gelände, auf dem die May'sche Phantasie besonders blüht. In: Meredith McClain (Hg.): Karl May im Llano Estacado: Symposium der Karl-May-Gesellschaft in Lubbock, Texas (7. bis 11. September 2000), S. 217 [Im Folgenden zitiert als „Eggebrecht: Wüste"].
[12] Das Hauptwerk von Karl May zitiere ich im Folgenden mit Seitenangabe im laufenden Text und der Sigle OF nach der folgenden Ausgabe: Karl May: Old Firehand. In: Roland Schmid (Hg.): Old Firehand und andere Erzählungen von Karl May (Karl May's gesammelte Werke 71). Bamberg 1967, S. 21 – 161..

Ich-Erzähler an ein Erlebnis im „Kanawhatal (OF, S. 34)", einen Aufenthalt in West Virginia also. Zusammen mit Winnetou und Old Firehand überquert der Erzähler die fiktiven Flüsse „Mankizita (OF, S. 66)" und „Kehupahan (OF, S. 66)", wir erfahren jedoch auch, dass sie „über Dakotah und die Hundeprairie die Seen zu gewinnen suchen (OF, S. 66)". Die Gruppe bewegt sich also von den Rocky Mountains in den Nordwesten der USA in Richtung der Großen Seen. Scheinbar führt ihre Route aber kurz darauf wieder Richtung Süden:

> „Kurze Zeit später waren wir zum Aufbruch bereit und schlugen eine Richtung ein, die uns in einer Entfernung von vielleicht zwanzig Meilen vom Missouri parallel mit diesem Fluß auf das Tal des Mankizita zuführte (OF, S. 71)".

Dass der Missouri nach Süden passiert wird, lässt sich aus Sam Hawkens Begrüßung schließen, die etwas über die Landschaft verrät: „Willkommen im Bajou, Mesch'schurs (OF, S. 75)!" May meint hier wohl den Bayou, eine für die Südstaaten typische Sumpflandschaft.

Mays Topografie in „Old Firehand" weist ein Charakteristikum auf, welches von Wilhelm Brauneder auch für andere Werke des Autors konstatiert wird: große Schwankungen in der Genauigkeit der Landschaftsbeschreibung.[13] Lässt sich der Protagonist zu Beginn der Handlung noch sehr genau im mittleren Westen, in der Nähe der Black-Hills lokalisieren, verwischen seine Spuren im Fortgang der Geschichte. Dies ist zum einen auf das Einfügen von fiktiven Orten wie „New-Venango" und zum anderen auf eine inkonsequente Quellenarbeit, die auch Brauneder unterstellt[14], zurückzuführen, also auf ungenaue geografische Kenntnisse Mays. Wie ließe sich sonst der Umweg über die großen Seen erklären, die der Autor seine Helden nehmen lässt bevor diese in den Bayou der Südstaaten eindringen? Wie gezeigt wurde, zeichnet Karl May in „Old Firehand" eine recht genaue Landkarte Amerikas, die aber mit einigen Ungenauigkeiten durchsetzt ist. Was lässt sich aber bei einem genaueren Blick über die Gestaltung von Natur und Landschaft aussagen?

Besonders auffallend ist, dass May seinen Figuren einen schier endlosen Handlungsraum bietet, der auch durch Flora und Fauna keine Begrenzung erfährt. Gleich zu Anfang der Erzählung führt der Autor den Leser in die „weite Ebene (OF, S. 21)", fernab der Zivilisation findet das Treffen zwischen dem Ich-Erzähler und Ellen „[...] im ‚Far West', mitten in der Prairie [...] (OF, S. 22)" statt. Die Szenerie ist darüber hinaus gekennzeichnet von einer ausgesprochenen Eintönigkeit: „Wir hielten gerade auf einer der zahlreichen wellenförmigen Erhebungen, die sich in jenem Teil der Prairie wie die Wogen eines erstarrten Meeres aneinander legen, und es war mir deshalb ein ziemlich freier Ausblick gestattet (OF, S. 42)". Es scheint daher kaum erstaunlich, dass in einem fast gänzlich leeren Raum, selbst eine Eisenbahnschiene eigens Erwähnung findet, zumal diese in der weiteren Handlung noch eine

---

[13] Vergl.: Brauneder: USA-Kenntnisse, S. 57.
[14] Vergl.: Ebda., S. 62.

Rolle spielt: „Kaum hatte ich das Glas am Auge, so fiel mir eine lange, grade Linie auf, die sich von Osten her längs des nördlichen Horizontes bis zum entferntesten westlichen Punkt hinzog (OF, S. 42)". Diese Monotonie erreicht sogar ein verwirrendes Ausmaß: „Bei der Gleichheit der Hebungen und Senkungen des Bodens wäre es uns im Dunkel nicht leicht geworden, den Ort genau zu bestimmen, an welchem wir die Oglalas gesehen hatten […] (OF, S. 52)". Überdies unterscheiden sich selbst die zwei Siedlungen, die der Protagonist in der Erzählung bereist nicht erheblich voneinander, weder in Einwohnerzahl noch in ihrer Topografie. Der Ich-Erzähler beschreibt „New-Venango" wie folgt:

> „Nach kurzer Zeit hielten wir am Rand der Schlucht und blickten auf die kleine Niederlassung, deren Häuserzahl wenigstens ich mir höher vorgestellt hatte. Das vor uns liegende Tal bildete eine schmale Pfanne, die rings von steil ansteigenden Felsen umschlossen, in ihrer Mitte von einem ansehnlichen Fluß durchströmt wurde, der sich zwischen nahe zusammentretendem Gestein unten einen Ausweg suchte (OF, S. 28)".

Auch die Festung Old Firehands ist nichts weiter als die Ansiedlung einer kleinen Gruppe in der Spalte einer Gesteinsmasse:

> „Wie eine riesenhafte Seifenblase waren die Gesteinsmassen bei der Bildung des Gebirges von den plutonischen Gewalten emporgetrieben worden und hatten bei ihrem Zerplatzen eine hohle, nach oben offene und von außen unzugängliche Halbkugel gebildet, die dem eingesunkenen Krater eines ungeheuren Vulkans glich. Luft und Licht, Wind und Wetter waren dann beschäftigt gewesen, den harten Boden zu zersetzen und der Vegetation zugänglich zu machen, und die angesammelten Wassermengen hatten sich nach und nach durch die eine Seite der Felswand gebohrt und den Bach gebildet, der heute unser Führer gewesen war (OF, S. 78)".

Eine erwähnenswerte Ausnahme der monotonen Szenerie bildet jedoch die Wildnis rund um die Festung:

> „Dichtes, fast undurchdringliches Gestrüpp stand an den Ufern des Flusses, und die Ranken des wilden Weines kletterten an den engstehenden Stämmen empor, liefen von Zweig zu Zweig, ließen sich, fest ineinander geschlungen, von oben hernieder, stiegen am nächsten Baum wieder in die Höhe und bildeten so ein Wirrwarr, in das man sich nur mit Hilfe des Messers Eingang verschaffen konnte (OF, S. 88)".

Die Gestaltung des Bayou, die sich in ihrer Detailfülle von den Handlungsorten der restlichen Erzählung deutlich abhebt, erfüllt aber bei näherem Betrachten eine ganz spezifische Funktion: Sie dient der Jägertruppe zum Anschleichen. Der Ich-Erzähler befindet sich mit Ellen und Sam Hawkens auf Biberjagd, was May ja geradezu zwingt, ihnen ein geeignetes Jagdgebiet zu konstruieren. Um eine geografisch genaue Topografie dürfte der Autor kaum bemüht gewesen sein, die Jagdszene lässt sich nur sehr grob auf die „jungfräulichen Bottoms des Mississippitales (OF, S. 88)" eingrenzen. Und selbst in dieser detailreich anmutenden Landschaft findet sich eine Analogie zur wellenartigen Prärielandschaft: „Der Wald lief von der Höhe, zu der das Flußtal emporstieg, eine ansehnliche Strecke in die Ebene hinein und war von tiefen, felsigen Rinnen durchschnitten, in welchen Farnkraut und wildes Beerengesträuch üppig wucherten (OF, S. 97 – 98)".

Der Landschaft, genauer deren ungenauer Topografie, kommt so eine spezifische Funktion in der Erzählung zu. Auch für andere Karl-May-Erzählungen hat Harald Eggebrecht diese Funktion beobachtet: „May spielt mit Assoziationen, er beschreibt weniger eine konkrete Topographie, als dass er Landschaft herstellt mit einer Art Wischeffekt".[15] Er färbe, so Eggebrecht weiter, die Landschaft amerikanisch ein.[16] May suggeriert so, die Handlungen seiner fiktiven Figuren, die durch einen fast gänzlich leeren Handlungsraum noch mehr in den Fokus rücken, seien spezifisch für das Leben im Westen, bzw. für die amerikanische Wildnis und erforderten bestimmte Eigenschaften. Dies hat wiederum zur Folge, dass ausdrücklich jene Figuren hervorstechen, bei denen diese Eigenschaften am stärksten ausgeprägt sind. So heißt es über Old Firehand, er sei „ein Meister in allen Fertigkeiten, die das Leben im Westen verlangt[en] [...] (OF, S. 58)". Diese Konstellation hat also zur Folge, dass sich die Charakteristika des Handlungsraums Amerika, bzw. amerikanischer Westen, entscheidend aus den Handlungen der Charaktere ergeben. Oder anders ausgedrückt: Amerika ist so, wie es für Mays Charaktere sein muss. Dass der Autor dem Leser aufgrund seines eigenen Wahrheitsanspruchs die gegenteilige Feststellung präsentiert, erstaunt daher kaum: „Hier stand ich vor einer jener Katastrophen, an denen der Westen so reich ist und die seinen Gestalten und Ereignissen jenen energischen Charakter geben, durch den sie sich kräftig auszeichnen (OF, S. 64)". Das Gegenteil lässt sich ja auch schwer beweisen, verpflanzt May doch seine fiktiven Handlungsorte in den unbesiedelten Westen und lässt seine Charaktere die Zivilisation meiden und geradezu herabwürdigen: „[...] denn wer seine Nächte in der Unendlichkeit der freien, offenen Prairie zugebracht hat, kann sich nur schwer entschließen, sich zur Benutzung desjenigen Gefängnisses zu bequemen, welches der zivilisierte Mensch eine ‚Wohnung' nennt (OF, S. 85)". Helmut Schmiedt wies aber zu Recht darauf hin, dass eine solche Wildnis, wie von May beschrieben, schon zu dessen Lebzeiten nicht mehr existierte.[17]

Erst recht dürfte sie 1927, beim Erscheinen von „Der Verschollene" nicht mehr existiert haben. Gleichwohl dürfte es aufschlussreich für das deutsche Amerikabild sein, die Landschaftsbeschreibung in Kafkas Werk mit dem von Karl May zu vergleichen. Wie in „Old Firehand" gibt auch Franz Kafka zu Beginn von „Der Verschollene" eine sehr genaue Beschreibung vom Aufenthaltsort seines Protagonisten. Bei der Einfahrt in den Hafen von New York „erblickte er die schon längst beobachtete Freiheitsgöttin wie in einem plötzlich

---

[15] Eggebrecht: Wüste, S. 219.
[16] Vergl.: Ebda., S. 220.
[17] Vergl.: Helmut Schmiedt: Die erzählte Zukunft. Beobachtungen zu Karl Mays Abenteuerromanen. In: Helga Arend (Hg.): Der Schriftsteller Karl May. Beiträge zu Werk und Wirkung. Husum 2000, S. 125 [Im Folgenden zitiert als „Schmiedt: Erzählte Zukunft"].

stärker gewordenen Sonnenlicht. Ihr Arm mit dem Schwert ragte wie neuerdings empor und um ihre Gestalt wehten die freien Lüfte (V, S. 9)".[18] Schon hier wird deutlich, dass der Handlungsraum in Kafkas Roman eine ganz andere Funktion annimmt als bei May. Viel zu bedeutungsschwanger ist die Freiheitsstatue – gerade in der Entstehungszeit des Romans – als Symbol, um hier nicht über sich selbst hinauszuweisen! „Es geht also um Freiheit und Gerechtigkeit, um das untrennbare Problem, dem nun auch der junge Einwanderer gegenübersteht",[19] folgert Gerhard Loose. Das Schwert als Symbol für Feindschaft kann aber auch als Prolepse für den folgenden Niedergang Karl Roßmanns und seinen gesellschaftlichen Abstieg gelesen werden. Wolfgang Jahn geht noch einen Schritt weiter und deutet das Schwert als Vorzeichen für den Tod Karls, der freilich in der vorliegenden Fassung des Romans nicht eintritt.[20] Folgt man Werner Frick, so impliziert Kafka hier bereits Kritik an Amerika, genauer an der Diskrepanz zwischen dem Anspruch der Freiheit und der gesellschaftlichen Realität.[21] Im Kontrast zu Karl May spielt sich die weitere Handlung in städtischen Gebieten ab und nicht in einer Wildnis, die May als Gegenstück zur Zivilisation benennt. Charakteristisch für diesen Sachverhalt lassen sich die Lebensverhältnisse von Herrn Pollunder heranziehen, der „auf einem kleinen Landgut in der Nähe von Newyork wohnte, wo er aber allerdings nur die Abende verbringen konnte, denn er war Bankier und sein Beruf hielt ihn in Newyork den ganzen Tag (V, S. 57)". Die Stadt stellt also das Zentrum des Geschehens dar. Das ländliche Gebiet ist weit von diesem Zentrum entfernt, als Karl dort ankommt stellt er folgendes fest: „An seiner Müdigkeit beim Aussteigen glaubte Karl zu bemerken, daß die Fahrt doch ziemlich lange gedauert hatte (V, S. 62)". Das Land scheint im Verhältnis zur Stadt auch eine gegensätzliche Wirkung auf die Figuren zu haben: „Scheint es Ihnen nicht auch, daß man auf dem Lande sozusagen befreit wird, wenn man aus der Stadt herkommt (V, S. 83)", stellt Herr Pollunder fest. Gänzlich kann man sich dem städtischen Einfluss aber nicht entziehen, wie Karl im Hinblick auf den Aufbau des Landhauses urteilt: „'Er spricht', dachte Karl, ‚als wüßte er nicht von dem großen Haus, den endlosen Gängen, der Kapelle, den leeren Zimmern, dem Dunkel überall'(V, S. 83)". Auf die Funktion und den Aufbau der Stadt in „Der Verschollene" wird im nächsten Kapitel einzugehen sein. Auch außerhalb des Hauses ist für Karl die Beengung nicht zu überwinden:

---

[18] Das Hauptwerk von Franz Kafka zitiere ich im Folgenden mit Seitenangabe im laufenden Text und der Sigle V nach der folgenden Ausgabe: Franz Kafka: Der Verschollene. Hrsg. v. Jost Schillemeit. Frankfurt am Main 1983.

[19] Gerhard Loose: Franz Kafka und Amerika. Frankfurt am Main 1968, S. 29 [Im Folgenden zitiert als „Loose: Amerika"].

[20] Vergl.: Wolfgang Jahn: Kafkas Roman „Der Verschollene" („Amerika"). Stuttgart 1965, S. 45 [Im Folgenden zitiert als „Jahn: Kafkas Roman"].

[21] Vergl.: Werner Frick: Kafkas New York. In: Werner Frick, Gesa von Essen, Fabian Lampart (Hgg.): Orte der Literatur. Göttingen 2002, S. 268 [Im Folgenden zitiert als „Frick: New York"].

„[...] alles beengte ihn hier, der Weg zum Onkel durch die Glastüre, über die Treppe, durch die Allee, über die Landstraßen, durch die Vorstädte zur großen Verkehrsstraße, einmündend in des Onkels Haus, erschien ihm als etwas streng zusammengehöriges, das leer, glatt und für ihn vorbereitet dalag und mit einer starken Stimme nach ihm verlangte (V, S. 86)". Weiter lässt sich konstatieren, dass Mays Entwurf, sein Glück im unzivilisierten Westen zu finden bei Kafka geradezu konterkariert wird. Karl wird von Herrn Green nach San Francisco geschickt „weil erstens die Erwerbsmöglichkeiten im Osten für Sie viel bessere sind und weil zweitens hier in allen Dingen die für Sie in Betracht kommen könnten, Ihr Onkel seine Hände im Spiele hat [...] (V, S. 98)". Selbstverständlich liegt San Francisco nicht im Osten der USA, entscheidend ist aber das Heilsversprechen, das Karl gegeben wird. Zudem weist der Roman noch weitere geografische Ungenauigkeiten auf, die weiter unten behandelt werden. Der weitere Reiseweg Karls durch die Vereinigten Staaten gestaltet sich auch dementsprechend diffus. Nach dem Verlassen des Landhauses agiert die Hauptfigur recht orientierungslos: „Er konnte nicht mit Bestimmtheit feststellen, in welcher Richtung Newyork lag, [...]. Er wählte also eine beliebige Richtung [...] (V, S. 100)". Zusammen mit Delamarche und Robinson marschiert Karl nun nach Butterford, von dem wir erfahren, dass es „zwei Tagesreisen von Newyork (V, S. 108)" entfernt liegt. Kafka führt seinen Protagonisten hier aber in einen fiktiven Ort. Weder existiert die Stadt Ramses, wohin die Gruppe eigentlich unterwegs ist[22], noch lässt sich die „entlegene Vorstadtstraße (V, S. 210)", auf der die Wohnung Delamarches und Robinsons liegt, näher lokalisieren. Hierhin verschlägt es Karl nach seinem Rauswurf aus dem „Hotel occidental". Ob man daher Bruneldas Worten Glauben schenken darf, die angeblich „dort drüben auf dem Gut der Eltern jeden Morgen im Kolorado schwamm (V, S. 276)" bleibt höchst zweifelhaft. So müsste sich die betreffende Stadt im Südwesten Amerikas befinden, was aufgrund der Reisedauer vom Hotel aus dorthin nicht realistisch ist. Offenbar hatte Kafka hier dieselben ungenauen Ortskenntnisse wie bei der Verpflanzung San Franciscos in den Osten des Landes. Auch der Standort der Rennbahn in Clayton ist nur scheinbar genau angegeben. Loose weist darauf hin, dass es in den USA 14 Städte namens Clayton gibt.[23] Das „Teater in Oklahama", für das sich Karl in Clayton bewirbt, dürfte sich wohl im US-Bundesstaat Oklahoma befinden. Legt man die Entfernung von Clayton nach Oklahoma zugrunde, die von Karl mit einer Zugfahrt von „zwei Tage[n] und zwei Nächte[n] (V, S. 318)" angegeben wird, so könnte man Clayton tatsächlich grob im weiteren Umkreis New Yorks vermuten. Die Route, die Kafka Karl Roßmann in Amerika beschreiten lässt, ist aber derart mit geografischen Ungenauigkeiten und fiktiven Angaben durchsetzt, dass der Fokus des Autors kaum auf der landschaftlich genauen Darstellung der USA gelegen haben

---

[22] Vergl.: Loose: Amerika, S. 32.
[23] Vergl.: Ebda., S. 33.

dürfte. Welche Funktion die Landschaftsdarstellung stattdessen erfüllt, wird nun näher erläutert.

Auf dem Weg nach Butterford betrachtet Karl die Landschaft:

> „Aller Nebel war schon verschwunden, in der Ferne erglänzte ein hohes Gebirge, das mit welligem Kamm in noch ferneren Sonnendunst führte. An der Seite der Straße lagen schlecht bebaute Felder, die sich um große Fabriken hinzogen, die dunkel angeraucht im freien Lande standen. In den wahllos hingestellten einzelnen Mietskasernen zitterten die vielen Fenster in der mannigfaltigsten Bewegung und Beleuchtung [...] (V, S. 112)".

An dieser Textstelle lassen beispielhaft zwei Charakteristika der Landschaftsgestaltung des Romans verdeutlichen. Zum einen hebt Kafka hier die enorme Ausdehnung Amerikas hervor, ein „fernes Gebirge" führt in „noch ferneren Sonnendunst", ein Horizont oder eine Begrenzung dessen was es für Karl zu betrachten gibt scheint nicht in Sicht zu sein. Zum anderen zeichnet der Autor hier ein Landschaftsbild, das schon deutlich von Menschenhand umgestaltet wurde. „Schlecht bebaute Felder", „große Fabriken" und „Mietskasernen" prägen die Szenerie, die sich so deutlich von der ursprünglichen Natur eines Karl May abhebt. Bei aller Faszination, die von der Landschaft ausgeht, kommt ihr also auch eine wirtschaftliche Funktion zu, was kurz darauf erneut betont wird: „Ringsherum sah man ungeteilte Felder die sich in ihrem ersten Grün über sanfte Hügel legten, reiche Landsitze umgrenzten die Straße [...] (V, S. 118)". Die Natur wurde demnach landwirtschaftlich nutzbar gemacht. Die Landschaft Amerikas wird durch Karl aber noch weiter charakterisiert: „Vieles erinnerte Karl an seine Heimat und er wußte nicht, ob er gut daran tue, New-York zu verlassen und in das Innere des Landes zu gehen. In New-York war das Meer und zu jeder Zeit die Möglichkeit der Rückkehr in die Heimat (V, S. 112)." Amerika erhält so europäische Züge, die seine Eigenständigkeit und Neuartigkeit in Zweifel ziehen. Die Wildnis bei May hingegen erfordert ganz andere Fertigkeiten um sie zu durchqueren. Für Karl ist zwar nicht klar „ob er gut daran tue, New-York zu verlassen", die Natur erhält durchaus einen bedrohlichen Charakter. „Man findet öfters Schlangen (V, S. 130)", erfährt Karl von einem Hotelangestellten. Etwas wirklich Neues erblickt er aber bei seiner Reise ins Landesinnere nicht. Die Natur verändert aber auch Karls Sichtweise. Aus einer anderen Perspektive kann er nun

> „das Panorama New Yorks und seines Hafens immer ausgedehnter sich entwickeln sehn. Die Brücke, die New York mit Boston verbindet hieng zart über dem Hudson und sie erzitterte, wenn man die Augen klein machte. Sie schien ganz ohne Verkehr zu sein und unter ihr spannte sich das unbelebte glatte Wasserband (V, S. 113)".

Die Großstadt wirkt leer und friedlich, was in eklatantem Widerspruch zu Karls ersten Beobachtungen vom Balkon des Onkels aus steht. Bei seinem weiteren Eindringen in die Weite Amerikas erfährt Karl des Weiteren eine Entgrenzung der Größenverhältnisse. Bereits auf der Rennbahn in Clayton muss er konstatieren, „daß alles noch größer war, als er nur irgendwie hatte denken können [...] (V, S. 296)". Über das „Teater in Oklahoma" erfährt er,

„es sei fast grenzenlos (V, S. 300)". Diese Berichte bewahrheiten sich für den Protagonisten, auf der Fahrt zum Theater „begriff Karl die Größe Amerikas (V, S. 318)". Aber auch seine böse Vorahnung bezüglich der Ausreise aus New York erfüllt sich, zumindest andeutungsweise, mit der Zugfahrt durch „dunkle schmale zerrissene Täler (V, S. 318)", deren „Hauch ihrer Kühle das Gesicht erschauern machte (V, S. 318)".

Im Kontrast zu der Szenerie des „far West" in „Old Firehand" schafft Kafka in „Der Verschollene" mit seiner Landschaftsbeschreibung nur ein teilweise gegenläufiges Bild zu der Vorstellungswelt Karl Mays. Beiden gemeinsam ist zunächst die geografisch ungenaue Lokalisierung ihrer Protagonisten in einem Fantasie-Amerika, wobei May zumindest zu Beginn der Erzählung noch recht präzise Angaben zu machen versteht und den Ich-Erzähler erst später in die Wirren seines fiktiven Bayou entlässt. Bei Kafka verliert sich Karl Roßmann nach seiner Ausreise aus New York bereits recht schnell in einer Landschaft, die mit dem realen Amerika nichts zu tun hat. In der Funktion der Landschaftsbeschreibung finden sich weitere Gemeinsamkeiten. Beiden Autoren ist daran gelegen, die enorme territoriale Ausdehnung des amerikanischen Kontinents darzustellen, wobei die Bewertung dessen durch die handelnden Personen erheblich differiert. Mays Westmänner erscheinen als souveräne Akteure und prägen durch ihr Handeln entschieden den nicht detailliert beschriebenen Raum, im Zentrum steht ihre individuelle Bewährung.[24] Karl Roßmanns geringe Aufenthaltszeit in einem zivilisatorisch berührten und umgestalteten Naturraum deutet hingegen auf seinen weiteren Niedergang voraus, der sich wahrscheinlich im Theater in „Oklahama" vollenden wird. Jedoch ist Kafka daran gelegen, Nähe zwischen Europa und Amerika herzustellen, die im Laufe des 20. Jahrhunderts durch eine historische Kontinentaldrift verloren gegangen sei, wie Werner Frick behauptet.[25] Nach Undine Janeck befriedigte Karl May dagegen eher „die Sehnsucht seiner Leser nach Exotik, Freiheit, Abenteuer, Gerechtigkeit und Ablenkung vom deutschen Alltag [...]".[26]

3. Zivilisationsskepsis vs. verschachtelte Räume: Die Stadtbilder bei Karl May und Franz Kafka

Es gilt nun, den Komplementär der Landschaftsbilder, die Stadtbilder, auf ihre Funktionen zu untersuchen.

---

[24] Vergl.: Helmut Schmiedt: Die beiden Amerika im populären Roman: Karl May. In: Helga Arend (Hg.): Der Schriftsteller Karl May. Beiträge zu Werk und Wirkung. Husum 2000, S. 222 [Im Folgenden zitiert als „Schmiedt: Amerika im populären Roman"].
[25] Vergl.: Frick: New York, S. 278.
[26] Janeck: Gartenlaube, S. 138.

Auffällig ist, das sich das Stadtbild in Karl Mays „Old Firehand" lediglich durch seine Abwesenheit auszeichnet. Die auftretenden Charaktere äußern sich ausschließlich in der Weise, in der Vergangenheit in einer Stadt gewesen zu sein, die gegenwärtige Handlung beschränkt sich auf die Prärie. So berichtet der Ich-Erzähler, „vor drei Monaten in Cincinnati (OF, S. 21)" gewesen zu sein. In „Front-Street, St. Louis (OF, S. 25)" habe er sein Gewehr gekauft und auch von seinem „freundlichen Heimatsstädtchen (OF, S. 88)" ist einmal die Rede. Ellen hingegen komme gerade aus „Omaha (OF, S. 27)". Ihr gemeinsames Abenteuer spielt sich aber in der Wildnis ab. Nachdem Winnetou den Eisenbahnüberfall zu verhindern geholfen hat, rät ihm ein Bahnarbeiter „nach Washington zu gehen, zur Stadt des großen Vaters [...] (OF, S. 62)". Wie zu erwarten ist, reist Winnetou nicht dorthin. Dem liegt eine Zivilisationsskepsis zugrunde, die der Ich-Erzähler auch offen artikuliert, als er sagt, er könne sich nicht „zur Benutzung desjenigen Gefängnisses [...] bequemen, welches der zivilisierte Mensch eine ‚Wohnung' nennt (OF, S. 85)". Die Forschung erkennt darin die Abkehr Mays von der sich in sozioökonomischen Belangen stark verändernden Welt des 19. Jahrhunderts.[27] Wie sich Kafkas Stadtbild zusammensetzt, soll im Folgenden geklärt werden.

Karl Roßmann sieht sich von Anfang an in zivilisatorischen Ballungsräumen, zu denen man neben den Städten auch das Schiff und das Hotel zählen kann, einer verwirrenden Raumkonstruktion ausgesetzt. Um zur Kabine des Heizers zu gelangen, „mußte er sich seinen Weg durch eine Unzahl kleiner Räume, fortwährend abbiegende Korridore, kurze Treppen, die einander aber immer wieder folgten, ein leeres Zimmermit einem verlassenen Schreibtisch mühselig suchen [...] (V, S. 10)". Im Unterschied zu den Charakteren in „Old Firehand", die selbst in einer gleichförmigen Landschaft nie die Übersicht verlieren, kann sich Karl nur selten gut orientieren, wie z.B. im Zimmer des Schiffskapitäns: „Hinter alledem aber stand Newyork und sah Karl mit den hunderttausend Fenstern seiner Wolkenkratzer an. Ja in diesem Zimmer wußte man, wo man war (V, S. 18)". Charakteristisch nimmt die Stadt in „Der Verschollene" jene Eigenschaft an, die die Prärie bei Karl May erfüllt: Riesenhafte Größenverhältnisse. „Karls Zimmer lag im sechsten Stockwerk eines Hauses, dessen fünf untere Stockwerke, an welche sich in der Tiefe noch drei unterirdische anschlossen, von dem Geschäftsbetrieb des Onkels eingenommen wurden (V, S. 45)". Kafka gestattet dem Leser auch, dies mit europäischen Verhältnissen in Kontrast zu setzen:

> „Was aber in der Heimatstadt Karls wohl der höchste Aussichtspunkt gewesen wäre, gestattete hier nicht viel mehr als den Überblicküber eine Straße, die zwischen zwei Reihen förmlich abgehackter Häuser gerade und darum wie fliehend in die Ferne sich verlief, wo aus vielem Dunst die Formen einer Kathedrale ungeheuer sich erhoben (V, S. 45 – 46)".

---

[27] Vergl.: Schmiedt: Erzählte Zukunft, S. 123 – 124.

13

Einerseits setzt Kafka also die amerikanische Stadt von der europäischen durch ihre bloße Größe ab. Andererseits wird die Naturlandschaft, wie oben gezeigt, mit dieser assoziiert. Aber auch bei der Gestaltung bedient sich Kafka derselben sprachlichen Muster um Weite zu erzeugen, ferne Objekte erheben sich aus dem „Dunst". Die Stadt hat ebenso konkrete Auswirkungen auf die Figuren, der Onkel warnt Karl, er solle „sich nicht gefangen nehmen lassen (V, S. 46)". Die Stadt berge Gefahren, „für einen der hier bleiben wird sei sie ein Verderben [...] (V, S. 47)". Das Stadtleben ist gekennzeichnet von großer Hektik, Karl beobachtet wie „das Publikum in großer unverhüllter Furcht vor Verspätung im fliegenden Schritt und in Fahrzeugen, die zu möglichster Eile gebracht waren, zu den Teatern drängte [...] (V, S. 60)". Doch hauptsächlich innerhalb von Gebäuden gestaltet sich die Orientierung für Karl extrem kompliziert. Nach kurzer Zeit im Landhaus Pollunders wusste er z.b. „tatsächlich nicht einmal ob sie eine oder zwei oder vielleicht gar keine Treppe passiert hatten (V, S. 77)". Das Ausmaß und die verwirrende Konstruktion des Hauses setzt Karl in Analogie mit New York:

> „Dann kam wieder Tür an Tür, er versuchte mehrere zu öffnen, sie waren versperrt und die Räume offenbar unbewohnt. Es war eine Raumverschwendung sondergleichen und Karl dachte an die östlichen Newyorker Quartiere, die ihm der Onkel zu zeigen versprochen hatte, wo angeblich in einem kleinen Zimmer mehrere Familien wohnten und das Heim einer Familie einem Zimmerwinkel bestand, in dem sich die Kinder um ihre Eltern scharten (V, S. 78)".

Die Charakteristika der Stadt finden sich aber auch im „Hotel occidental" wieder. Im Saal des Hotels spielt sich folgende Szene ab, die an die Theatergäste New Yorks erinnert: „Anderswo am Buffet war aber das Gedränge noch größer als an dem früheren ein wenig abgelegenen Platz. Außerdem füllte sich der Saal desto mehr, je später es wurde (V, S. 121)". Auch ist, neben der Orientierung, die Bestimmung der Größe des Hotels ein hoffnungsloses Unterfangen, man könnte es anhand der Menschenmassen annähernd als gigantisch beschreiben. Karl beobachtet in der Portiersloge diese Szene: „Überdies bestanden die Wände der Portiersloge ausschließlich aus ungeheuren Glasscheiben, durch die man die Menge der im Vestibul gegeneinanderströmenden Menschen deutlich sah, als wäre man mitten unter ihnen (V, S. 197)". Des Weiteren weist das Hotel eine Art verschachtelten Aufbau auf, den Karl in seinen Grundzügen bei der Ausreise erkennt: „[...] dieses Haupttor, die drei Mittel- und die zehn Nebentore, von den unzähligen Türchen und türlosen Ausgängen gar nicht zu reden (V, S. 203)". Nicht nur Karl scheint aber von den städtischen Größenverhältnissen eingeschüchtert zu sein, auch Therese Berchtold äußert sich im Dialog mit Karl in dieser Weise: „,Ist es eine große Stadt?' fragte Karl. ,Sehr groß', antwortete sie, ,ich gehe nicht gern hin [...]' (V, S. 141)". Ebenso gleichen die Massenquartiere in New York nach Thereses Bericht einem Labyrinth. Sie erzählt Karl, mit ihrer Mutter „in den Massenquartieren des New

14

Yorker Ostens unauffindbar verloren (V, S. 152)" gewesen zu sein. Ihre Konstruktion erscheint dem Leser wie folgt: „Die Korridore dieser Häuser sind nach schlauen Plänen der besten Raumausnützung aber ohne Rücksicht auf leichte Orientierung angelegt, wie oft waren sie wohl durch die gleichen Korridore gekommen (V, S. 155)!" Es scheint gar so, dass im Amerika Kafkas überhaupt keine kleineren Gebäude existieren, auch die Wohnung Delamarches, in die der Protagonist einzieht, befindet sich „in einer riesigen Mietskaserne (V, S. 212)." Auch wenn es sich nicht um die Mietskaserne aus Therese Berchtolds Bericht handelt, kann man hier denselben Architekten vermuten wie in den Quartieren New Yorks.

Karls Beobachtungen decken sich mit den Erzählungen der Hilfskraft aus dem Hotel: „Sie gingen durch einen langen schmalen Flurgang, der mit dunklen glatten Steinen gepflastert war. Hie und da öffnete sich rechts oder links ein Treppenaufgang oder man erhielt einen Durchblick in einen anderen größern Flur (V, S. 222)". Verwirrung und die Illusion der Endlosigkeit werden zusätzlich durch die Anordnung der Treppen in den Gebäuden gestiftet: „[…] immer wieder setzte sich an eine Treppe eine neue in nur unmerklich veränderter Richtung an. […] die Treppe war noch nicht einmal zu Ende sondern führte im Halbdunkel weiter, ohne daß irgendetwas auf ihren baldigen Abschluß hinzudeuten schien (V, S. 223)".

Wie bei den Landschaftsbildern, stehen die Städte und zivilisatorischen Ballungsräume in „Der Verschollene" zunächst einmal für die enorme territoriale Ausdehnung Amerikas. Sie nehmen dabei die korrelative Funktion zum Landschaftsbild bei Karl May ein. Auf die unzeitgemäße Darstellung der Natur bei May muss nicht weiter eingegangen werden. In diesem Sinne kann man Kafkas Roman, zumindest seiner Anlage nach, die Handlung größtenteils in die Städte zu versetzen, als moderner bezeichnen. Problematisch ist allerdings die Ausgestaltung der Städte, die an etlichen Stellen wenig realistisch erscheint. So hat etwa Loose auf das unzeitgemäße Straßenbild des Romans hingewiesen. [28] Bei dieser Amerikadarstellung ging es Kafka, nach Frick, um die „Repräsentation seines ultramodernen environments […]". [29] So zeichnet sich diese Moderne doch gerade immer wieder durch die exorbitanten Dimensionen des Urbanen aus, die aus der Sicht Karls gerade aufgrund der Andersartigkeit im Vergleich zu den europäischen Verhältnissen erwähnenswert erscheinen. Die Forschung hat eine derartige Raumgestaltung auch für die Kafka-Werke „Das Schloß" und „Der Prozess" nachgewiesen. [30] Nicht zu unterschätzen für die Inszenierung der amerikanischen Stadt dürfte auch die Vorliebe Kafkas

---

[28] Vergl.: Loose. Amerika, S. 38.
[29] Frick: New York, S. 281.
[30] Vergl.: Bettina Küter: Mehr Raum als sonst. Zum gelebten Raum im Werk Franz Kafkas (Europäische Hochschulschriften 1). Frankfurt am Main u.a. 1989, S. 176 – 178.

für das Kino gewesen sein, auf das Deniz Göktürk verweist.[31] Daraus entwickelte er eine für den Roman „Der Verschollene" typische kinematographische Methode.[32] Im Vergleich mit Mays „Old Firehand" ist „Der Verschollene" sicher von einer höheren Symbolkraft und biographischen Einflüssen geprägt. Dass man es mit einem Fantasie-Amerika zu tun habe, sei laut Engels Ausführungen schon zu Beginn klar.[33] Jedoch unterliegt auch Karl Mays Werk einigen externen Einflüssen, die im letzten Kapitel zusammenfassend genannt werden sollen.

---

[31] Vergl.: Deniz Göktürk: Künstler, Cowboys, Ingenieure .... Kultur- und mediengeschichtliche Studien zu deutschen Amerika-Texten 1912-1920. München 1998, S. 23 – 28 [Im Folgenden zitiert als „Göktürk: Cowboys"].
[32] Vergl.: Jahn: Kafkas Roman, S. 63.
[33] Vergl.: Engel: Handbuch, S. 184.

16

4. Fazit

Es sind nun abschließend die Untersuchungsergebnisse der vorliegenden Arbeit zusammenzufassen und die Kontinuitätslinien im deutschen Amerikabild bei Karl May und Franz Kafka aufzuzeigen.

Es ließ sich feststellen, dass sowohl May als auch Kafka ihre Protagonisten in einem Fantasie-Amerika verorteten. Diese vollziehen ihre Handlungen an fiktiven Orten, die von den Autoren in die USA verpflanzt worden sind. Auffällig ist jedoch im Falle Karl Mays eine paradoxe Konstellation. Einerseits versuchte May umfassende Landeskenntnisse zu suggerieren, indem er – zumindest zu Beginn des „Old Firehand" – einige Ortsangaben macht, meist bezüglich der Reiseroute des Ich-Erzählers. Diese Angaben sind auch recht genau, sie weisen beispielsweise nicht solch offensichtliche Fehler auf wie Kafkas Roman, der z.B. San Francisco im Osten Amerikas ansiedelte. Andererseits aber ist das Landschaftsbild Karl Mays gekennzeichnet von einer sich weit ausdehnenden Leere. Dies hat zur Folge, dass die Westmänner zuungunsten des Handlungsraumes in den Fokus rücken. Denn anhand des detailarmen Raumes lassen sich ihre „Fertigkeiten, welche das Leben im Westen verlangt (OF, S. 58)" nicht auf ihre Nützlichkeit überprüfen. Die Handlungsorte konnten auch schwerlich topografisch korrekt beschrieben werden, hatte May diese doch nie bereist und dienten ihm vielmehr als Kontrast zum Leben in Deutschland, das er als öde empfand.[34] Die Bewährungsproben, die seine Helden meistern mussten und die exotischen Fantasien, die er beschrieb, hatten darüber hinaus in der gesamten Gesellschaft des Kaiserreiches Konjunktur.[35] Lässt sich für May noch ein „annähernd richtiges Wildwestbild"[36] konstatieren, so bewegt sich Kafkas Protagonist Karl Roßmann in einem Amerika, das geografisch deutlich von der Realität abweicht. Zwar spielt bei der Landschaftsbeschreibung in „Der Verschollene", wie auch in „Old Firehand", das Motiv der Faszination für die Weite eine Rolle, wichtiger ist aber ein anderer Aspekt. Die Hauptfigur bewegt sich selbst in der Natur nicht in einer Wildnis à la Karl May, sondern muss feststellen, dass der Mensch bereits in die Landschaft eingegriffen hat. Die Landschaft geht so eine Synthese mit der Stadt ein, auf die weiter unten noch einmal eingegangen wird. Karl Roßmann findet also auch in der Natur nichts anderes als das, wovor ihn sein Onkel in Bezug auf das urbane Leben gewarnt hat: Die Stadt ist „ein Verderben (V, S. 47)". Aus der Stadtdarstellung der beiden Autoren lässt sich für beide eine besondere Zeitgebundenheit folgern, jedoch mit gegenläufigen Konsequenzen für ihr Werk. Resultierte aus dem Verdruss der sozioökonomischen Veränderungen des 19. Jahrhunderts bei May, wie

---

[34] Vergl.: Schmiedt: Amerika im populären Roman, S. 220 – 222.
[35] Vergl.: Göktürk: Cowboys, S. 160 – 161.
[36] Brauneder: USA-Kenntnisse, S. 64.

bereits erwähnt, eine ausgesprochene Zivilisationsskepsis, ist bei Kafka geradezu eine Hinwendung zur Modernität des amerikanischen Kontinents auszumachen, lebte er doch in einer Zeit, in der die Industrialisierung noch in vollem Gange war.[37] Bemerkenswert ist dabei aber, dass sich Kafkas Vorstellungen hinsichtlich des Lebens in Amerika in seinem Frühwerk noch mehr mit Karl May deckten, als dies dann in „Der Verschollene" der Fall ist. Konstatierte doch Binder, aus dem „Wunsch, Indianer zu werden" spreche die Sehnsucht Kafkas nach „Entschlußfähigkeit, Kampf- und Handlungsbereitschaft und Freiheit […]".[38] Leider würde es den Rahmen dieser Arbeit sprengen, auf die zeitlichen Veränderungen hinsichtlich der Technikfaszination und Rezeption der Industrialisierung einzugehen, die zwischen den Schaffensperioden Mays und Kafkas stattgefunden haben. Jedenfalls ist der urbanen Topografie in „Der Verschollene" eine hohe Symbolkraft inhärent, die darauf schließen lässt, dass die industrialisierte Welt bei Kafka diejenige Anerkennung erhält, die ihr bei May noch verweigert wird. Eine Quelle, aus der sich diese Darstellung speist, ist Artur Holitschers Reisebericht „Amerika. Heute und Morgen", den Kafka begeistert gelesen hat und zur Inszenierung seines Bildes von New York beitrug.[39] Der Sozialist Holitscher hatte also Anteil daran, das Kafka vor allem die kapitalistische Wirtschaft und Gesellschaft darzustellen versuchte, so Loose.[40] Dass die Orte im Roman zumindest nicht einfach für sich selbst stehen, deckt sich mit dem Ergebnis, dass die von Therese Berchtold beschriebenen Arbeiterquartiere denen, die Karl später selbst in einer anderen Stadt erkundet, verblüffend ähnlich sehen. Und auch Werner Frick schließt aus der Undifferenziertheit zwischen fiktiven und realen Orten deren Austauschbarkeit.[41] Dass es sich meist um Lebensräume der Arbeiterschicht handelt, in denen auch Karl ein Gefühl des Verlorenseins entwickelt, deckt sich mit Kafkas dezidiert sozialistischen Einstellung und den Erfahrungen, die ihm sein Beruf über die Arbeiterklasse vermittelte.[42] Kafka hatte darüber hinaus eine weitere politisch konnotierte Quelle: Der Reisebericht des tschechischen Sozialdemokraten Soukup.[43] Folglich musste Kafkas Amerikadarstellung einen gänzlich anderen Charakter erhalten als die Karl Mays.

Es lässt sich also Festhalten, das sowohl für Karl Mays „Old Firehand", als auch für den 52 Jahre später erschienen Roman „Der Verschollene" Amerika als Konstrukt diente, die eigenen Erfahrungen und Sehnsüchte der Autoren ins Werk zu setzen. Keinesfalls geht aber

---

[37] Vergl.: Albrecht: Meer der Medien, S. 24.
[38] Binder: Kommentar, S. 115.
[39] Vergl.: Loose: Amerika, S. 21.
[40] Vergl.: Ebda., S. 72.
[41] Vergl.: Frick: New York, S. 274 – 275.
[42] Vergl.: Albrecht: Meer der Medien, S. 30 – 31.
[43] Vergl.: Engel: Handbuch, S. 177.

das reale Amerika zugunsten dieser Vorhaben völlig unter. Beide Werke decken sich in der Darstellung eines Amerikas, das eine enorme Ausdehnung besitzt und aus europäischer Sicht völlig andere Fähigkeiten voraussetzt um bestehen zu können. Hier beginnt aber schon die Gegenläufigkeit der beiden Werke. Wo Mays Westmänner diese Aufgaben souverän meistern, scheitert Karl Roßmann und vollzieht sukzessive einen Abstieg. Des Weiteren weist Kafkas Roman einen höheren Symbolgehalt auf als Mays „Old Firehand". Ihm ist eine auf politische Quellen Kafkas gestützte Sozialanalyse eigen, die neben Karls Individualgeschichte die zweite Erzählebene darstellt.[44]

Es konnten hier keine erschöpfende Analyse der Werke geliefert werden. Hinsichtlich der Betrachtung der Figuren und der Ebene der dargestellten Gesellschaft besteht sicher noch Nachholbedarf, gerade in Bezug auf Kafka. Auch das vielfach vonseiten der Forschung behandelte „Teater von Oklahama" war für diesen Untersuchungsgegenstand von geringerem Interesse. Dieses Fragment erfuhr bereits etliche Deutungen, wurde als Gleichnis für die Kirche[45] ebenso gesehen, wie als Vorausdeutung auf den Ersten Weltkrieg.[46] Die vorliegende Arbeit sollte vielmehr herausstellen, dass das deutsche Amerikabild einerseits den Bezug zum realen Amerika sucht und andererseits Projektionsfläche ist für eigene Erfahrungen, die aber durch äußere Faktoren selbst stets im Wandel begriffen sind. Die hier behandelten Werke gingen also einerseits aus der Andersartigkeit Amerikas hervor und trugen andererseits wiederum selbst zu dieser gesellschaftlich wahrgenommenen Andersartigkeit bei.

---

[44] Vergl.: Engel: Handbuch, S. 181.
[45] Vergl. die Interpretation Borchadts in: Alfred Borchardt: Kafkas zweites Gesicht. Der Unbekannte. Das große Theater von Oklahoma. Nürnberg 1960.
[46] Vergl. die Interpretation Anz' in: Thomas Anz: Kafka, der Krieg und das größte Theater der Welt. In: Uwe Schneider,Andreas Schumann (Hgg.): Krieg der Geister. Erster Weltkrieg und literarische Moderne. Würzburg 2000, S. 247 – 262.

19

Literaturverzeichnis

1. Quellen

Franz Kafka: Der Verschollene. Hrsg. v. Jost Schillemeit. Frankfurt am Main 1983.

Franz Kafka: Wunsch, Indianer zu werden. In: Kurt Wolff (Hg.): Betrachtungen. Leipzig 1912.

Karl May: Old Firehand. In: Roland Schmid (Hg.): Old Firehand und andere Erzählungen von Karl May (Karl May's gesammelte Werke 71). Bamberg 1967, S. 21 – 161.

Peter Henisch: Vom Wunsch, Indianer zu werden. Wie Franz Kafka Karl May traf und trotzdem nicht in Amerika landete. Salzburg / Wien 1994.

2. Darstellungen

Albrecht, Nicola: Verschollen im Meer der Medien: Kafkas Romanfragment "Amerika". Zur Rekonstruktion und Deutung eines Medienkomplexes. Heidelberg 2007.

Anz, Thomas: Kafka, der Krieg und das größte Theater der Welt. In: Uwe Schneider,Andreas Schumann (Hgg.): Krieg der Geister. Erster Weltkrieg und literarische Moderne. Würzburg 2000, S. 247 – 262.

Binder, Hartmut: Kafka-Kommentar. München 1976.

Borchardt, Alfred: Kafkas zweites Gesicht. Der Unbekannte. Das große Theater von Oklahoma. Nürnberg 1960.

Brauneder, Wilhelm: Realität – Überlieferung – Dichtung: Karl Mays USA-Kenntnisse. In: Helmut Schmiedt (Hg.): Karl May: Werk, Rezeption, Aktualität. Würzburg 2009, S. 55 – 66.

Eggebrecht, Harald: Die Wüste lebt. Über jenes Gelände, auf dem die May'sche Phantasie besonders blüht. In: Meredith McClain (Hg.): Karl May im Llano Estacado: Symposium der Karl-May-Gesellschaft in Lubbock, Texas (7. bis 11. September 2000), S. 217 – 224.

20

Engel, Manfred: Der Verschollene. In: Manfred Engel (Hg.): Kafka-Handbuch: Leben – Werk – Wirkung. Stuttgart 2010, S. 175 – 191.

Frick, Werner: Kafkas New York. In: Werner Frick, Gesa von Essen, Fabian Lampart (Hgg.): Orte der Literatur. Göttingen 2002, S. 266 – 293.

Göktürk, Deniz: Künstler, Cowboys, Ingenieure .... Kultur- und mediengeschichtliche Studien zu deutschen Amerika-Texten 1912-1920. München 1998.

Jahn, Wolfgang: Kafkas Roman „Der Verschollene" („Amerika"). Stuttgart 1965.

Janeck, Undine: Zwischen Gartenlaube und Karl May. Deutsche Amerikarezeption in den Jahren 1871-1913.Aachen 2003.

Kohl, Karl-Heinz: Kulturelle Camouflagen. Der Orient und Nordmaerika als Fluchträume deutscher Phantasie. In: Sabine Beneke, Johannes Zeilinger (Hgg.): Karl May. Imaginäre Reisen: Eine Ausstellung des Deutschen Historischen Museums, Berlin, vom 31. August 2007 bis 6. Januar 2008. Berlin / Bönen 2007, S. 95 – 114.

Küter, Bettina: Mehr Raum als sonst. Zum gelebten Raum im Werk Franz Kafkas (Europäische Hochschulschriften 1). Frankfurt am Main u.a. 1989.

Loose, Gerhard: Franz Kafka und Amerika. Frankfurt am Main 1968.

Sammons, Jeffrey L.: Gibt es dort ein „Dort"? Das deutsche Amerikabild. In: Jochen Vogt, Alexander Stephan (Hgg.): Das Amerika der Autoren. Von Kafka bis 09/11. München 2006, S. 19 – 43.

Schmiedt, Helmut: Die beiden Amerika im populären Roman: Karl May. In: Helga Arend (Hg.): Der Schriftsteller Karl May. Beiträge zu Werk und Wirkung. Husum 2000, S. 219 – 238.

Schmiedt, Helmut: Die erzählte Zukunft. Beobachtungen zu Karl Mays Abenteuerromanen. In: Helga Arend (Hg.): Der Schriftsteller Karl May. Beiträge zu Werk und Wirkung. Husum 2000, S. 113 – 129.